AF229360

HISTOIRE ANECDOTIQUE

D'UNE

CAPITULATION

Suivie des Discours

qui devaient être prononcés à Rennes lors du

Voyage du Président de la République

C'est ainsi que l'on envoie aujourd'hui administrer les départements. Nous aurions tort de nous en étonner, connaissant à fond le ministre qui nous envoyait M. Leroux. Ce qui est plus étrange et me montre de plus en plus la faiblesse d'un tel ministre, c'est qu'il a choisi son préfet de la plus maladroite façon. Il fallait un renard ; il a pris un gros bouledogue aux aboiements féroces. Il fallait un politique habile, il a pris le plus maladroit gaffeur de sa collection de nullités administratives.

(Petit Rennais du 10 mars 1890).

SAINT-MALO

IMPRIMERIE DU COMMERCE, H. RICHARD & LE LAGADEC

8, RUE ROBERT-SURCOUF, 8

1893

HISTOIRE
D'UNE CAPITULATION

HISTOIRE ANECDOTIQUE

D'UNE

CAPITULATION

Suivie des Discours

qui devaient être prononcés à Rennes lors du Voyage du Président de la République

———

C'est ainsi que l'on envoie aujourd'hui administrer les départements. Nous aurions tort de nous en étonner, connaissant à fond le ministre qui nous envoyait M. Leroux. Ce qui est plus étrange et me montre de plus en plus la faiblesse d'un tel ministre, c'est qu'il a choisi son préfet de la plus maladroite façon. Il fallait un renard ; il a pris un gros bouledogue aux aboiements féroces. Il fallait un politique habile, il a pris le plus maladroit gaffeur de sa collection de nullités administratives.

(*Petit Rennais du 10 mars 1890*).

———

SAINT-MALO

IMPRIMERIE DU COMMERCE, H. RICHARD & LE LAGADEC

8, RUE ROBERT-SURCOUF, 8

1893

Je dédie ces pages à mon ami l'ancien maire Bébin, à l'honnête homme, au loyal et énergique citoyen qui, durant son administration, a fait respecter les droits de ses concitoyens et résisté de toutes ses forces aux fantaisies administratives et aux abus de pouvoir du proconsul Leroux.

PEN-BAS.

AVANT-PROPOS

En écrivant « Vingt ans de République en Ille-et-Vilaine », petite brochure dans laquelle je démontrai que les républicains actuels sacrifient volontiers les intérêts généraux à leurs petits intérêts, je ne m'attendais pas à être forcé d'y ajouter ce post-scriptum.

Ce qui se passe sous nos yeux est loin de donner tort à mes constatations et je suis de plus en plus convaincu que plus ça change, plus c'est la même chose.

La République opportuniste a fait faillite à la démocratie et en assurant le triomphe de l'or, au lieu d'ouvrir le chemin et de soutenir les hommes désintéressés et convaincus, elle livre le pays aux médiocrités et aux incapables assez riches pour se payer des complaisants dans tous les camps.

Oui, nous fûmes, nous le disons hautement, oui, nous fûmes boulangistes, c'est-à-dire partisans d'une constitution autre que celle dont nous a doté la Chambre réactionnaire de 1875 ; et, certes, ce ne sont pas les héros du Panama et les aigrefins des Sociétés financières qui nous feront trouver admirable l'œuvre constitutionnelle à l'abri de laquelle fleurissent tous les abus et s'épanouissent les plus criantes injustices.

Nous sommes en République ! crient, de toutes parts, les journaux subventionnés, et l'oppression, le favoritisme, l'espionnage, les persécutions, les abus, l'arbitraire, la proscription, toute la lyre, quoi ! — fonctionnent comme aux plus mauvais jours de l'Empire.

En effet, sous l'Empire et sous la Monarchie de juillet, les républicains qui commandent en maîtres à la Chambre et ornent le musée tératologique du Luxembourg reprochaient aux préfets d'alors de faire de la candidature officielle et de peser sur les consciences et sur les estomacs.

N'en est-il pas toujours ainsi ? Notre préfet ne fait-il pas tout le temps de la candidature officielle, et de la pire ?

Son concours n'est-il pas acquis aux plus mauvais républicains, et sa protection ne va-t-elle pas invariablement aux plus riches ?

N'arrive-t-on pas plus facilement à toutes les fonctions par le chemin tortueux de la politique qu'en suivant la carrière ?

Ne voyons-nous pas chaque jour les Chambres de nos Cours s'ouvrir devant des politiciens ? Et tandis que les magistrats qui ont vieilli sous le harnais n'y parviennent qu'après 25 et 30 ans de services, quelquefois pénibles, ceux-là y sont nommés d'emblée : ne voyons-nous pas cela chaque jour, même à Rennes ?

A qui distribue-t-on ces croix qui devraient être l'emblème de l'honneur ou la récompense de services éclatants ? On les donne aux politiciens dociles et complaisants.

Prenez garde, c'est de la sorte qu'on déconsidère un régime et qu'on détache ses meilleurs serviteurs de la République : c'est de la sorte qu'on jette des germes de découragement dans les masses et qu'on prépare les voies aux ambitieux et aux prétendants.

Cela commence par l'indifférence, le « m'enfoutisme » et cela finit par un coup d'Etat.

Sont-ce des républicains, ces hommes qui brisent la carrière des petits fonctionnaires sous leurs ordres, sous prétexte que ces fonctionnaires ne pensent pas absolument comme eux et tiennent à leur libre arbitre, quoique petits et quoique fonctionnaires ?

Sont-ce des républicains, ces individus qui changent d'opinions, au gré de leur ambition et de leurs intérêts ?

Sont-ce des démocrates, ces préfets qui sacrifient l'intérêt et l'avenir du parti républicain à leur fatuité et à leur horreur du droit des gens ?

L'Empire n'a jamais été plus autoritaire, plus tracassier, plus corrompu et plus corrupteur, plus ennemi de la liberté que la République telle qu'elle fonctionne et telle que nous la montre son représentant en Ille-et-Vilaine.

Les Préfets à poigne d'Espinasse ne devaient pas mépriser à ce point la notion de l'indépendance et du droit qu'a tout citoyen de ne pas trouver grands les nains qui nous terrorisent en l'an de grâce 1893, cent un ans après la déchéance de la royauté, c'est-à dire du despotisme.

Depuis 1889, depuis l'arrivée à Rennes de M. Leroux, les Rennais ont subi toutes les vicissitudes de la dictature.

Ils ont été menacés dans leurs libertés, dans leurs droits et dans leurs convictions républicaines.

Le Conseil municipal a vu ses délibérations brisées, comme l'étaient, sous l'Empire, celles des villes qui ne voulaient pas se soumettre aux fantaisies du gouvernement issu du 2 décembre.

On a, contrairement à la légalité, supprimé le centime des réservistes pauvres, c'est-à-dire essayé, à la Préfecture, de couper les vivres aux femmes et aux enfants.

Comme en pleine insurrection, M. le Préfet a donné l'ordre au commissaire central de refuser l'obéissance à son chef naturel, à celui qui avait la responsabilité de la police municipale, au maire.

Je conçois qu'avec de pareils instincts vous soyez, vous, officiels de toutes couleurs, partisans de la suppression de toutes libertés.

C'est dans l'ordre.

Mais prenez-en votre parti, car, comme l'a dit le plus profond penseur et le plus grand voyant des temps modernes : au fond de la conscience de tout citoyen, du plus humble comme du plus grand, au fond de l'âme du dernier mendiant, du dernier vagabond, il y a un sentiment sublime, sacré, indestructible, incorruptible, éternel, le droit ! ce sentiment, qui est le granit de la conscience humaine : le droit, voilà le rocher sur lequèl viennent échouer et se briser les iniquités, les hypocrisies, les mauvais desseins, les mauvaises lois, les mauvais gouvernements !

Voilà l'obstacle caché, invisible, obscurement perdu au plus profond des esprits, mais incessamment présent et debout auquel vous vous heurterez toujours, et que vous n'userez jamais quoique vous fassiez !

Je vous le dis, vous perdez vos peines. Vous ne le déracinerez pas ! vous ne l'ébranlerez pas! Vous arracheriez plutôt l'écueil du fond de la mer que le droit du cœur du peuple.

Pen-Bas.

I

AVANT LA CAPITULATION

Dioclétien, qui était un tyran, ne permit jamais au gouverneur de violer les lois municipales.

V. DURUY.

Tous les Rennais se souviennent des articles du *Petit Rennais* et des conférences des membres influents du parti boulangiste.

Il n'était question, dans ce journal, que de la Révision de la Constitution, de la suppression du Sénat et des atroces procédés de gouvernement employés par Constans et sa bande pour assurer les succès électoraux des futurs panamistes.

On se rappelle les violences du préfet Leroux vis-à-vis dés électeurs de M. Le Hérissé et on n'a pas oublié les mesures illégales et absolument arbitraires mises en vigueur par lui pour lasser l'opinion publique et faire le vide autour du maire de Rennes, alors l'objet de ses persécutions.

Tous les moyens étaient bons pour combattre la Municipalité, et la Préfecture ne reculait devant rien pour empêcher le fonctionnement des affaires de la ville.

Sans souci de la légalité et du droit, M. le Préfet brisait les délibérations municipales et s'opposait à toutes les mesures d'intérêt général émanant des pouvoirs municipaux.

'La situation était délicate. '

Personne ne voulant prendre la Mairie ni assumer la lourde responsabilité de gérer les intérêts de Rennes en présence de la malveillance calculée du représentant de l'homme de Fourmies, M. Bébin,

autant par amitié pour M. Le Bastard que pour répondre aux manifestations des électeurs, accepta la périlleuse mission de défendre les
droits de la ville mis en péril par l'absurde et aveugle rancune du
Préfet.

C'est que nous sortions d'une période très mouvementée. La salle
des Camélias retentissait des périodes enflammées de MM. Laguerre et
Le Hérissé, prédisant la fin prochaine d'un régime déshonorant pour
la République et déshonoré devant toute l'Europe.

Il n'était alors question que du fameux saucisson enveloppé dans
des billets de mille, de cette abominable Constitution de 1875 qui per-
met l'organisation de Hautes-Cours, de tribunaux d'exception et de
la mise hors la loi des meilleurs citoyens.

On voyait, à certaines restrictions des orateurs, qu'ils en savaient
très long sur le régime de corruption qu'ils combattaient ; mais
comme s'ils eussent compris qu'il fallait se réserver une porte de
sortie pour rentrer plus tard dans la maison, ils s'arrêtaient au bon
moment.

On souffletait Constans de son saucisson, on arrangeait de main
de maître *le Ministre civil de la Guerre*, quitte, quelque temps
temps après, au comice agricole d'Acigné, à le couvrir et à ne pas
laisser un assistant protester contre ses agissements condamnables,
on secouait ferme le cabinet et, en frappant sur ce qu'ils appelaient le
triumcrapulat, ils envoyaient une pointe aiguë au *Soliveau*, à l'*Exé-
cutif*, au bonhomme en jus de réglisse qui présidait aux destinées de
la République des pots-de-vin et du plat au beurre.

Et tous applaudissaient à faire éclater les colonnes de chêne de
l'établissement.

Si nous examinons le passé au point de vue purement local, nous
voyons la lutte aussi ardente, aussi passionnée de part et d'autre.

Rendu fou furieux par ses échecs successifs, le Préfet agissait à
l'égard des élus de Rennes comme agissaient au lendemain du coup
d'Etat les préfets d'Espinasse vis-à-vis des municipalités républicaines.

Il allait jusqu'à faire prendre certaines pièces comptables de l'administration municipale et à faire plaider sa cause par M. Châtel,
espérant, à l'aide de ce procédé indigne d'un fonctionnaire républicain, obtenir un revirement de l'opinion.

Peine perduc. Les électeurs renommèrent les adversaires du Préfet à une énorme majorité.

Alors commença la bataille. Tout ce que le maire de Rennes, l'honorable M. Bébin, demandait était purement et simplement supprimé. Les secours accordés par la loi aux femmes et aux enfants des réservistes pauvres étaient rejetés ; les agents de ville recevaient l'ordre de ne pas obéir à leur chef, le Maire ; la menace était suspendue sur tous les fonctionnaires indépendants.

La Ville ne pouvait pas obtenir l'autorisation de prélever sur l'emprunt les sommes qui lui étaient nécessaires pour payer les entrepreneurs. Nous vivions sous le régime de l'état de siège.

S'apercevant que la violence ne réussissait pas, le Préfet usa de la persuasion, se fit bon enfant, proposa au Maire d'établir son budget avec lui, etc.

Il croyait qu'il allait mener M. Bébin par le bout du nez et le déterminer à rester maire. Mais il prenait M. Bébin pour un autre, car sans cela il ne se serait jamais permis de le supposer capable de manquer à sa parole aussi bien qu'à son programme.

Il y eut même, à la Préfecture, certaines séances qui ne manquèrent pas de piquant entre le Maire et le Préfet.

Ce que désirait avant tout M. le Préfet, c'était la mise au rancart de M. Le Bastard, M. Le Bastard étant l'arche de l'opposition sérieuse.

Mais, hélas ! plus le Préfet avançait dans la voie des aveux, plus il voyait qu'il n'y avait absolument rien à faire avec un bonhomme qui tenait avant tout à conserver et l'estime des honnêtes gens et à remettre intacts les pouvoirs qu'on lui avait confiés.

De l'avis de tous, même de l'avis de ses adversaires, pendant cette période difficile, M. Bébin fut digne, correct et d'un dévouement que seuls connaissent ceux qui l'ont vu et suivi de près.

Délégués par le Conseil municipal près du Ministre des travaux publics, celui-ci nous exprima le désir de voir M. Bébin conserver ses fonctions et nous promit de venir à Rennes à cette condition.

Nous lui répondîmes que nous ferions injure au caractère de M. Bébin en acceptant cette clause et qu'il ne nous appartenait pas de forcer le Maire à rester là ; qu'en outre, nous ne pourrions nous délier ainsi nous-mêmes de la parole donnée.

Je fus même assez vif avec le Ministre, qui frappa du poing sur son pupitre et se leva ; mais comme je ne m'effraie pas au bruit, il se rassit et devint plus calme.

En présence du mauvais vouloir et des abus de pouvoir du Préfet, M. le Maire échangea une correspondance avec le député de Rennes et le pria de dénoncer à la tribune de la Chambre les agissements du proconsul.

M. le Député promit — il promet toujours — mais comme déjà il commençait son évolution et qu'il n'était pas si mal qu'il aurait voulu le faire croire avec le Ministre Constans, M. le député se garda bien de prendre la parole contre le fidèle serviteur du proscripteur de son ancien ami.

Pendant ce temps, Court continuait ses exploits et les embêtements suivaient leur cours.

Une détente se manifestait déjà cependant entre MM. Le Hérissé, Le Bastard et le Préfet. Cela se sentait. M. Bébin me disait : Tu verras, avant peu ces messieurs s'entendront parfaitement. — Allons donc, lui répondais-je, cela n'est pas possible ! — Mon ami ne s'y était pas trompé.

En effet, saisissant le prétexte d'une démarche à faire auprès des ministres de l'Instruction publique et de la Guerre, MM. Bébin, Morcel et moi ayant été choisis par nos collègues pour aller vers eux, on voulut nous imposer le Préfet. Naturellement, nous n'acceptâmes pas, Bébin et moi, d'être tenus en laisse comme des caniches par un homme dont la sollicitude envers nos concitoyens ne s'était montrée que sous la forme de grands coups dans le bas du dos. Nous protestâmes contre l'ingérence du Préfet dans les affaires de la municipalité, estimant être assez grands pour exposer nous-mêmes les besoins de la ville à des ministres payés par la République pour agir loyalement vis-à-vis de tous. Mais il paraît que ce n'est pas cela qu'on cherchait. On cherchait à nous faire jouer le premier acte de la comédie qui se continue et dont les ficelles sont visibles à l'œil nu pour tous ceux qui ne sont pas aveugles. Nous refusâmes et voici la protestation que M. Bébin lut au Conseil, en réunion privée, devant M. le Député, venu tout exprès à Rennes pour régler cette affaire.

Rennes, Paris, 8/12, 1890.

Ministre instruction, désire que Préfet soit prévenu de notre démarche mercredi et soit invité à se joindre à nous. Je crois que vous feriez bien de lui écrire dans ce sens, lui télégraphie de mon côté. Dans ces conditions je crois que nous aurons morceaux.

Le Hérissé.

Déclaration :

« La délégation municipale, dont je devais faire partie allait se rendre à Paris pour réclamer auprès du ministre de l'instruction publique, en faveur de Rennes, la création d'une Université, lorsque M. le ministre a exprimé le désir que cette délégation soit accompagnée de M. le Préfet.

« Cette prétention d'imposer en quelque sorte, dans une affaire de ce genre, à des élus du suffrage universel, la présence d'un fonctionnaire, fût-il préfet, m'a parue étrange de la part d'un ministre républicain.

« Singuliers démocrates que ces gens qui parlent toujours à leurs électeurs de liberté et d'émancipation, et quand ils sont élus et au pouvoir, s'empressent d'oublier leurs engagements pour ne nous reconnaître, souvent même au mépris de la loi, d'autres droits que ceux qu'il leur plaît de nous accorder.

« On ne saurait trop flétrir un semblable régime auquel tous les citoyens ont pour devoir de résister par les moyens légaux.

« Cet acharnement d'un pouvoir arbitraire et dictatorial, cette domination se sont manifestés à Rennes d'une manière excessivement violente, scandaleusement, depuis que M. le préfet Leroux s'y est installé comme en pays conquis et prétend y commander en souverain maître.

« Je n'ai pas besoin de rappeler au Conseil municipal tout ce que cet homme lui a infligé ainsi qu'à la ville de Rennes, toutes les vilénies et tous les abus de pouvoir qu'il nous a fait subir depuis plus d'un an : Ces choses sont inoubliables. La lutte que j'ai dû soutenir, encouragé par vous et par la population, pour la défense de nos droits et de notre dignité, est trop récente pour que vous n'ayez, comme moi, conservé cuisant et vivace, le souvenir de l'affront qui nous a été fait à tous.

« La délégation aurait pu accepter le concours d'un préfet qui, par son passé et ses relations, aurait su se rendre sympathique à la population et gagner sa confiance. — Dans ce cas, elle se fût même empressée sans doute de s'adresser à lui pour obtenir un jour d'audience du ministre et le prier de se joindre à elle dans cette démarche. — Avec M. Leroux, cela était impossible, car il est bien plutôt l'ennemi que l'ami de la ville de Rennes.

« Or on n'accepte pas le concours d'un adversaire, *surtout quand on ne doit pas en avoir besoin.*

« Quand il s'agit, en effet, d'un projet d'intérêt général, l'équité seule doit être consultée et déterminer la décision.

« Quant à moi, après toutes ces considérations, j'ai pensé que mon devoir ne me commandait pas d'aller jusque-là ; mais qu'au contraire je devais renoncer à me présenter chez le ministre en compagnie du préfet Leroux.

« Bébin. »

Il nous semble que cette protestation est assez claire et assez explicite pour ne pas insister davantage.

Ceux qui ne l'ont pas comprise sont plus à plaindre qu'à blâmer.

II

LES PRÉLIMINAIRES DE LA PAIX — CAPITULATION DE L'HOTEL-DE-VILLE — LA VILLE LIVRÉE A L'ENNEMI — LE PROGRAMME DE 1889 DÉCHIRÉ.

Après 18 ans de patience, de concessions sans fin, nous sommes décidés à ne plus être dupes et à exiger de véritables institutions républicaines. Sous l'étiquette de République, nous avons eu le gouvernement d'une oligarchie incapable et tyrannique. Le ministère néfaste et criminel qui a exercé une véritable dictature, qui a gaspillé nos finances, qui a versé à flots le sang français dans une guerre entreprise sans le vote formel des Chambres, qui a fait une loi municipale plus rétrograde que la loi de la monarchie *en donnant aux préfets des pouvoirs qui annihilent ceux des maires*, qui a escamoté la révision de la Constitution et la réforme de la magistrature, qui, enfin, est tombé sous le poids de l'indignation publique, ce ministère dirige toujours nos affaires dans la coulisse en attendant de rentrer en scène pour le malheur de notre pays. C'est à lui qu'obéissent tous les fonctionnaires qu'il avait nommés et qui sont restés en place, malgré l'avènement d'un ministère considéré comme radical.

LE BASTARD.

A partir de ce moment, toutes les bases du traité sont jetées par les frères ennemis et la paix ne tardera pas à être solennellement signée en plein conseil municipal.

Le Général Boulanger, dont quelques-uns s'étaient servis tant qu'ils espéraient pouvoir en tirer des avantages est livré, après autopsie, à ses pires ennemis.

Les Coulisses du Boulangisme paraissent en tranches dans le *Figaro*, où elles sont payées au poids de l'or à leurs auteurs. Ceux qui devaient tout à ce malheureux général, trahi par ses anciens amis en pleine action, ne se contentent pas de ne plus le connaître : ils vendent sa vie intime contre des pièces sonnantes aux ministres proscripteurs.

On le charge de tous les crimes, de toutes les fautes. Lui seul est l'auteur de la défaite et c'est lui qui, de concert avec les ennemis de la République, a juré la perte de celle-ci.

Les Laguerre, les Naquet, les Le Hérissé, les Mermeix sont innocents comme des petits agneaux.

Malheureusement les conspirateurs de la droite vendent la mèche et M. de Cassagnac met M. Le Hérissé, son complice, au pied du mur dans un article intitulé « un frère ».

Ecœuré de ses sourires à Constans, au Préfet et à tous les ennemis de son ancien chef et ami, le directeur de l'*Autorité* raconte les démarches de M. Le Hérissé chez le général de Martimprey et ses intrigues cléricales et réactionnaires.

Le député de Rennes ne proteste pas et accepte l'averse.

Le général, dégoûté de son entourage, et ayant épuisé le calice jusqu'à la dernière goutte, se tue sur la tombe d'une femme qui l'aida à supporter toutes les turpitudes de l'exil et de l'amitié indignement trompée.

Les soldats, les modestes qui n'avaient vu dans l'agitation boulangiste qu'une porte ouverte sur l'amélioration du sort des humbles, tous ceux qui avaient suivi l'ancien ministre de la guerre par ardeur républicaine, ceux-là seuls lui demeurèrent fidèles jusqu'au bout.

Plus tard parut la réponse aux *Coulisses* dans le *Matin*, sous le titre : le *Mémorial de Saint-Brelade*. Dans ce récit très fidèle des événements en question, l'ancien secrétaire du général montra les agissements de l'état-major boulangiste, la visite de MM. Laguerre et Le Hérissé au prince Jérôme et les marchandages auxquels la coterie se livrait en dehors de Boulanger, sans qu'il en fut averti, sans qu'il en sut la moindre chose.

Constans était définitivement le grand maître, le grand Moloch auquel on sacrifiait toutes les victimes de leur conscience et de leurs généreuses illusions !

Le mot d'ordre était religieusement accepté par presque tous les anciens chefs, et l'orchestre se mit à jouer l'*hymne de la concilia-tion*.

Dans le but d'endormir les électeurs, le *Petit Rennais* combat-tait à mots couverts les ministres, mais il n'y avait qu'à tourner la page pour voir que c'était là une pure comédie.

A peine M. Bébin a-t-il résigné ses fonctions de maire que les allées et les venues s'accomplissent. C'est M. Morcel qui était chargé de la besogne. Il allait de la mairie à la préfecture porter les doléances réci-proques. En fidèle commissionnaire, il s'acquittait de sa mission. Il était la note vivante fraîchement sortie de l'instrument à double cou-rant d'air et il répétait le grand morceau de la conciliation comme les orgues de barbarie nous jouent l'air lugubre de *Fualdès* en tour-nant la manivelle.

C'est en plein conseil que l'acte est scellé.

L'ancien maire Bébin est exécuté par son ancien ami et une seule voix s'est élevée pour protester contre cette lâcheté politique,

Tous les conseillers présents, qui avaient applaudi à toutes les mesures prises dans l'intérêt général par M. Bébin, demeurèrent muets comme des carpes et prétextèrent plus tard, sous forme d'excuse, qu'ils n'avaient pas compris.

Belle excuse, en vérité, pour des gens qui représentent une ville de 70,000 âmes et comme cela prouve en quelles mains se trouvent les intérêts de la capitale bretonne !

Un seul, M. Lajat, absent, écrivit une lettre de protestation ; mais après m'avoir offert de participer à la fondation d'un organe destiné à combattre des hommes qui déchiraient leur programme, M. Lajat, voyant que je n'acceptais pas sa collaboration, s'empressa de retour-ner à ses moutons.

M. Lajat eut même l'héroïsme, étant candidat aux élections départementales, de se couvrir de l'amitié de M. Le Bastard.

On ne donne pas plus effrontément des coups de couteau dans le dos de ses amis et on n'essaye pas d'hériter plus commodément de ceux qu'on aurait voulu tuer par derrière.

Je dis ceci en passant pour la galerie, qui a besoin d'être éclairée et ne sait pas distinguer toujours entre les hommes loyaux et les autres.

Bref, on jeta Bébin à l'eau et on fit tout le nécessaire pour qu'il ne remontât pas à la surface.

Alors les acteurs de l'Hôtel de Ville apprirent de nouveaux rôles, se composèrent un autre visage. On n'entendait plus sortir de leurs bouches en cul de poule que les grands mots en usage chez les citoyens qui cherchent à donner une explication à leur abdication de conscience : la conciliation, l'intérêt de la ville. Comme si les intérêts de la ville n'étaient pas les mêmes la veille que le lendemain !

En quoi donc avait-on négligé ces intérêts ? Est-ce que c'était les méconnaître que de défendre les droits de la cité pied à pied contre les injustices d'un préfet qui se moque autant de ces intérêts-là que vous manquiez vous-mêmes, messieurs, de sens commun en allant vous jeter à ses pieds.

La lutte s'envenima et ceux qui avaient conservé le sentiment de leur dignité et de leur devoir, demeurèrent sur la brèche et soutinrent avec énergie et conviction les droits de leurs concitoyens et le programme de 1889.

Nous fûmes battus. Trompés par une campagne où la calomnie et le mensonge jouèrent le principal rôle, les électeurs accordèrent un vote de condescendance à un homme qui, à côté d'énormes fautes politiques, avait rendu d'incontestables services à la ville de Rennes.

Nos adversaires reculèrent tellement les bornes de l'infamie politique qu'ils fabriquèrent une lettre où ils disaient textuellement que l'honorable M. Bébin n'avait pas été intraitable vis-à-vis de Constans, alors qu'ils étaient allés, eux, vers ce ministre et, qu'ils n'avaient jamais pu obtenir de M. Bébin qu'il s'y rendît.

En voici les preuves :

CABINET
DU
MAIRE

« Rennes, 26 avril 1890.

« Mon cher député,

« Je vous fais parvenir un extrait certifié conforme du procès-verbal de la délibération du Conseil général relative au vœu que vous avez présenté tendant à ce que la ville de Rennes soit autorisée à prélever sur son emprunt de deux millions la somme nécessaire pour parer à l'insuffisance des ressources de 1889.

« Je vous prie de vouloir bien, au nom des intérêts que vous représentez devant la Chambre, faire auprès de M. le Ministre de l'Intérieur une démarche pour qu'un projet de loi soit déposé le plus promptement possible au Parlement.

« En attendant que cette loi ou toute autre soit votée, veuillez insister auprès de M. le Ministre pour que la ville soit autorisée à prélever momentanément, à titre provisoire, jusqu'à ce que la question que vous connaissez ait reçu une solution définitive, la somme de 150,000 francs destinées à payer à l'Etat, au département et à quelques particuliers, les sommes que la ville leur doit et qu'elle tient à leur mandater sans retard.

« Faites bien ressortir à M. le Ministre que cette autorisation n'engage en rien l'avenir et qu'il aura toujours le moyen de contraindre la ville à régulariser cette situation.

« Vous connaissez la question, je ne vous donne pas d'autres détails.

« Merci à l'avance de vos démarches et veuillez agréer, mon cher député, l'assurance de mes meilleurs sentiments.

« *Le Maire,*

« Signé : Bébin. »

Réponse de M. le Député :

« Paris, le 17 Mai 1890.

CHAMBRE
DES
DÉPUTÉS

« Mon cher ami,

« J'ai eu hier soir une très longue entrevue avec le ministre de l'intérieur. Il a télégraphié à M. Leroux de se trouver dimanche à Paris, afin de pouvoir lui donner des ordres formels sur l'attitude qu'il devra prendre désormais à l'égard de la municipalité Rennaise. Dès son retour à Rennes, le préfet vous fera mander à la préfecture, *et si, comme je n'en doute pas, vous voulez bien mettre de votre côté un peu d'huile dans les rouages,* l'affaire s'arrangera au mieux des intérêts de votre ville.

« Constans m'a déclaré que les *questions de personnes* n'existaient pas pour lui et que d'ici quelques semaines, lorsque l'apaisement commencerait, *Leroux et son fidèle Court* feraient place à de nouveaux fonctionnaires avec lesquels il nous sera possible de vivre en bonne intelligence

« Je vous repète, mon cher ami que j'ai la *promesse formelle* du ministre qu'il vous sera donné satisfaction en ce qui concerne *Court qui de son côté va être mandé à Paris et invité à agir vis-à-vis de vous avec déférence et respect.*

« Bien entendu, j'ai déclaré au ministre, en votre nom et au mien, que nous allions cesser la politique d'opposition irréconciliable à laquelle nous nous sommes trouvés acculés depuis quelques mois.

« La lettre que vient de nous écrire Boulanger me donne toute facilité à cet égard. Ainsi que je vous le disais à Rennes il y a quelques jours, il nous faut reprendre la politique nettement radicale et réformatrice.

« En nous associant en même temps à toutes les mesures libérales, je crois que nous ferons de bonne besogne. Est-ce votre avis ? Un mot je vous prie pour me fixer et me dire si nous sommes bien d'accord.

« A vous, mon cher ami, et bien affectueusement.

« Le Hérissé. »

Cette lettre est tout un pœme. Le maire Bébin parle affaires, le député répond théories et évolutions. On sent déjà que le député a fait machine en arrière et que Constans l'a hypnotisé.

Et c'est ce monsieur qui reproche aux autres des tendances qu'ils n'ont jamais eues et leur prête des idées opposées à leurs sentiments.

Quelle comédie et quels comédiens que les politiciens ! . . . .

Il n'est pas besoin de dire que *Leroux et son fidèle Court* restèrent là malgré la promesse formelle de Constans; que le maire n'obtint pas le droit de prélever les 150,000 fr. demandés et qu'après comme avant, Court n'en refusa pas moins d'obéir au maire.

Voyant qu'il n'obtenait pas satisfaction, M. le Maire écrivit de nouveau au député, se plaignant des abus de pouvoir du préfet et demandant à M. Le Hérissé de porter la question à la tribune pour bien montrer comment, en 1890, on traitait les municipalités indépendantes.

Réponse.

CHAMBRE
DES
DÉPUTÉS

Paris, le 13 Juin 1890.

« Mon cher ami,

« Je trouve ce matin en rentrant votre lettre du 7 juin. Je suis on ne peut plus étonné de l'attitude de Court et du Préfet après ce que m'a dit, il y a quelques jours, le Ministre de l'Intérieur.

« Ce soir si possible, demain au plus tard, j'irai place Beauveau, il faut en finir et je suis décidé à porter l'affaire à la tribune si nous n'avons pas satisfaction immédiate.

« A vous bien affectueusement.

« LE HÉRISSÉ. »

M. Le Hérissé ne monta pas plus à la tribune que Constans ne tint sa promesse.

Après cette lettre, M. Bébin reçut la dépêche suivante qui est demeurée sans résultat, bien entendu.

Paris, 20 Juin 1890.

« Préfet est autorisé à vous laisser opérer prélèvement 200,000 fr. Serai à Rennes dimanche soir. Amitiés.

« LE HÉRISSÉ. »

C'est plus que jamais le cas de répéter : Qui trompe-t-on ici ?

J'arrive au point capital.

Ces messieurs, dans la lettre lue par M. Le Bastard sous la Halle des Lices, prétendaient que M. Bébin ne s'était pas montré intraitable avec Constans.

Voici les preuves contraires :

Dépêche Le Hérissé à M. Le Bastard :

« *Télégraphie de nouveau Bébin, insistez encore auprès de lui, nous pourrons régler affaire banquet.* »

Maintenant voici la prose de M. Le Bastard et signée de son nom :

« *Mon cher Bébin*,

« *Croyez bien, mon cher ami, que, quoi que vous fassiez, j'aurai toujours pour vous les mêmes sentiments, mais je suis désespéré que vous n'alliez pas à Paris et je vous prie de nouveau instamment de faire ce léger sacrifice qui est indispensable.*

« LE BASTARD. »

Est-ce clair ?

M. Bébin avait toutes ces lettres dans sa poche, mais en face de l'audace dont venaient de faire preuve des hommes qui furent ses amis et, comptant aussi sur la clairvoyance et sur la mémoire des électeurs, il ne voulut pas s'en servir.

Il pensait que cela était inutile et fut pris d'un tel dégoût qu'il quitta la salle sans confondre ses calomniateurs.

Il eut tort aux yeux de beaucoup ; mais pouvait-il supposer qu'on eût oublié si tôt les actes de la veille et en ne répondant pas à des mensonges aussi grossiers ne faisait-il pas ,en somme, honneur à l'intelligence du suffrage universel ?

III

FIN DE RÊVE — TRIOMPHE DE L'OPPORTUNISME — LE PRÉFET, MAITRE DE L'HOTEL-DE-VILLE

> Pour moi, je ne suis ni aux Lameth, ni aux Barnave, ni aux Jacobins, je suis à la patrie. Il n'y a que Pétion et Robespierre que j'aie loués constamment, parce que tout homme de bonne foi conviendra qu'ils ont été irréprochables. J'ai pris, avec Mirabeau, tantôt la trompette et tantôt le fouet : c'est le privilège d'une maîtresse qu'on ne puisse l'aimer ni la haïr à demi, mais on ne peut pas en conclure que j'aie jamais varié.
>
> CAMILLE DESMOULINS.

Nous avons dit que le grand cheval de bataille des prisonniers du ministre Constans et de son obéissant préfet étaient la conciliation et les intérêts de la ville. C'est par ce nouveau cheval de Troie que l'ennemi pénètre dans la place. Cette conciliation, pourquoi avait-on attendu les élections municipales pour l'entreprendre ? N'eût-elle pas porté de meilleurs fruits aux élections législatives de 1889 ?

Alors la campagne entreprise depuis 1884 contre les modérés n'était donc qu'une campagne de haine, de personnalités et non une campagne de principes ?

Comment se fait-il que les partisans à outrance de la conciliation avec les opportunistes n'aient ouvert les yeux qu'en 1892 ?

Quoi ! c'est seulement huit ans après que les pseudo-radicaux du *Petit Rennais* se sont aperçus qu'ils avaient eu tort de se séparer des hommes de l'*Avenir* ?

Et juste au moment encore où ils se voyaient à la veille de leur chute; juste au moment où, après avoir usé toutes les bonnes volontés et tous les hommes capables de tenir le drapeau, ils se sentaient dans l'impossibilité de continuer leur œuvre ?

Quel piteux résultat et quelle triste fin de campagne !... Mais les intérêts de la ville.... Comment, les intérêts de la ville ?

Depuis 1884 vous n'avez cessé d'être à couteau tiré avec les pouvoirs publics. Depuis 1884, le *Petit Rennais* sous les yeux, nous assistons aux passes les plus meurtrières entre le maire, le préfet et les ministres.

Et cependant, c'était alors le moment de ne pas insulter sans discontinuer les hommes en mesure de faire bénéficier la ville de toutes les faveurs compatibles avec la situation puisque nous avions alors trois ministres pour nous.

Frappé de cet état de choses, l'auteur de ces lignes proposa au Conseil, bien avant qu'il fut question d'universités, la transformation de nos écoles intéressées en Faculté mixte.

Mais il s'agissait bien de cela ! On avait d'autres préoccupations et on se moquait alors autant de la conciliation que des intérêts de la ville, comme l'entendent nos concentreurs. Ne venez donc pas nous servir ce prétexte, car il ne souffre aucun examen. La vérité vraie est que vous étiez acculés à une impasse provoquée, créée par vous, que vous ne saviez comment en sortir et qu'il vous fallait absolument tendre la main à celui que vous aviez, durant dix-huit mois, traité en ennemi de la ville et des citoyens Rennais.

Ah ! c'eût été un étrange spectacle que celui offert à nos contemporains par M. Morcel opérant le mariage de nécessité, qu'il s'imagin e avoir mené à bonne fin entre M. le Préfet et de M. Le Bastard, malgré ce dernier ! Voyez-vous M. Morcel accomplissant ce miracle ? A qui fera-t-on avaler cette colossale fumisterie ! Non ! ce que M. Le Bastard aurait envoyé M. Morcel voir s'il était en train de chauffer au soleil la plante des pieds de l'ours Martin.....

Seulement, M. Le Bastard préférait envoyer M. Morcel porter ses doléances au Préfet que d'y aller soi-même, et nous comprenons parfaitement ce sentiment-là. Il est, en effet, désagréable de traiter ainsi du soir au lendemain avec un citoyen que l'on a roulé dans la boue et tourné sur le gril jusqu'à extinction de chaleur naturelle. Ensuite, ne faut-il pas sauver les apparences ?

Donc, en chargeant son adjoint de la besogne, il échappait lui-même à un travail peu récréatif et fort embêtant. J'ajouterai même qu'une tentative de rapprochement faite en dehors et sans le propre consentement des deux hommes en question n'eût point été honorable pour celui qui en aurait fait l'essai, et M. Morcel ne l'eût point essayé.

Ce que nul ne contestera et ne conteste c'est qu'à partir de ce moment rien ne se fait à la mairie sans l'approbation du Préfet, comme depuis le décès de l'ancien maire, c'est M. Leroux qui mène la barque municipale sous le pavillon X et Cie, avec M. Vadot pour pilote. Nous n'attaquons et n'avons pas à attaquer M. le Secrétaire général, qui ne fait que son devoir, et nous ne le mêlerons pas à des questions politiques, auxquelles il doit rester étranger. Nous constatons des faits simplement. Certes, s'il a l'honneur de gouverner la ville de Rennes en partie double avec M. le Préfet, M. Vadot, on en conviendra, a aussi les ennuis attachés à la charge, ennuis d'autant plus considérables qu'il est obligé de penser pour tout le Conseil et de préparer tout seul à peu près tout ce qui s'y fait.

Cette sinécure, si sinécure il y a, n'est point enviable à coup sûr.

Cette alliance établie, ce qui devait arriver arriva.

Aux élections complémentaires nécessitées par la mort du maire, le *Petit Rennais* — radical-socialiste (!) — présenta aux suffrages des électeurs les socialistes-radicaux Poulin, Bérard et Guy, trois prolétaires *di primo cartello*.

Certes, ces trois citoyens sont de braves gens, de bons pères de famille, mais nous nous étonnons que le journal de la Halle-aux-Blés ait osé les présenter comme étant partisans de la suppression des sinécures, de l'impôt sur le capital, et de la séparation des Églises et de l'Etat, par exemple, pour ne parler que de ces trois articles du programme radical.

Maintenant, peut-être en sont-ils partisans comme le sont la plupart des autres Conseillers aussi. C'est même probable.

A ce compte-là, nous avons tout le temps d'attendre sous l'orme des revendications annoncées à grands coups de gueule par ces autres socialistes qui ont nom M. Le Hérissé, M. de Martimprey, M. Piou, M. Constans et *tous les vrais amis du peuple* (!....)

Trois mois après les élections municipales, nous reprimes encore l'organe des radicaux-socialistes du Conseil la main dans le même sac.

Ce journal, qui crie tous les jours contre les opportunistes, contre *l'opportunisme* et contre le régime cher à Rouvier, à Floquet, à Bourgeois — ces deux derniers connus pour être les protecteurs du préfet Leroux, l'ami et le protecteur de nos édiles et de notre député — et cher à tous ceux qu'il appelle des *chéquards*, ce journal, dis-je, appuyait aux élections départementales dernières tous les opportunistes en disponibilité, depuis le socialiste Récipon — saluez les vingt millions ! — jusqu'au radical Brune, que M. Le Bastard considérait comme *le plus oppportuniste de tous les opportunistes.*

Le *Petit Rennais* est comme les homœopathes qui traitent les maladies par des médicaments qui produisent des symptômes analogues à ceux qu'ils veulent combattre. Il se dit : le meilleur moyen de dégoûter le peuple des opportunistes et de l'opportunisme, c'est de lui servir des opportunistes à tous les repas et à toutes les sauces : à la sauce départementale, à la sauce législative, à la sauce sénatoriale.

Ce raisonnement-là, en somme, n'est peut-être pas aussi bête qu'il en a l'air ; en tout cas, il a le mérite de l'originalité, ce qui est déjà quelque chose.

Cette façon de se passer la rhubarbe pour qu'on vous renvoie le séné ne saute même pas aux yeux de ceux qui payent les frais de la parlotte et de la buvette parlementaires.

Ils s'empressent d'avancer leur mise en même temps que leur bulletin et se contentent après de maudire les sempiternels bavards et les superbes ânes chargés d'or qui légifèrent en leur nom.

Aussi, depuis lors, quelle métamorphose! On obéit au Préfet, on va au-devant de ses moindres désirs, on est à son entière dévotion, on couche dans le vestibule de son cabinet, on n'ose plus avouer qu'on a été jadis boulangiste, on parle bas de cette époque, comme si avoir été partisan de l'homme qui fit trembler l'Allemagne constituait un crime ! Et ce sont ceux qui étaient collés aux basques de son habit, ceux qui figuraient dans les banquets à côté de lui, ceux qui se montraient ses plus chauds partisans qui, maintenant, sont les plus empressés auprès du Préfet.

Comme en un vil plomb le zinc s'est transformé !...

CONCLUSION

> Pour nous qui n'avons jamais cédé un
> iota de notre programme et qui sommes
> restés fidèles, nous persistons à croire que
> rien ne s'accomplira de juste ni de dési-
> rable sans que le Peuple secoue de son
> poing formidable la vieille baraque des in-
> justices et des égoïsmes. Rien, absolu-
> ment rien ne s'accomplira par les voies
> légales et, l'heure n'est pas aussi loin
> qu'on le suppose, où la République de
> M. Carnot sera remplacée par celle dont le
> programme de Belleville avait tracé le
> plan.
>
> PETIT RENNAIS
> *du 19 septembre 1890.*

Quantum mutatus ab illo, ce qui veut dire dans la vieille langue de Rabelais : *par quels lamentables chemins le* Petit Rennais *a, depuis, conduit ses lecteurs !*

N'insistons pas.

Où sont-ils donc ceux qui n'ont jamais cédé un iota de leur programme ?

Sont-ce ceux qui montent la garde devant l'hôtel de la préfecture et attendent les ordres de M. Leroux ?

Où sont-ils donc ceux qui sont restés fidèles à leur programme ?

Sont-ce les bonshommes qui, élus sur le programme de 1889, l'ont servi sur un plat d'argent à l'homme de Constans avec les clefs de la ville ?

Est-ce servir les idées radicales que livrer les libertés municipales à l'opportuniste, au constantinettiste Leroux ?

Où sont les efforts tentés par l'ami de ce préfet pour obtenir les réformes promises ?

Quels projets de loi a-t-il déposés et a-t-il défendus dans un but d'intérêt général ?

En dehors de manifestations puériles et d'agitations aussi stériles que sans effet où sont ses actes ?

Qu'a-t-il fait pour les ouvriers, pour les commerçants et pour les petits employés, cette entité démocratique ?

A-t-il proposé la révision de la Constitution, contre laquelle il fulminait tant ?

A-t-il, soit au point de vue politique, soit au point de vue économique et social, fait une démarche, accompli un acte, développé une idée, soutenu une thèse et défendu un principe ?

Alors, quoi !

Il est devenu le protégé et l'allié du préfet ; après avoir hurlé contre le Sénat, il en est devenu un partisan déterminé ; ennemi irréconciliable des opportunistes, qu'il accusait et rendait responsable de l'avortement de toutes les lois sociales, il a patronné tous les opportunistes aux élections dernières !

Quelle confiance peut avoir le corps électoral en des citoyens qui tiennent ainsi leurs promesses, et était-ce vraiment la peine de faire tant de bruit en 1889 pour devenir prisonnier des hommes contre lesquels il luttait avec l'acharnement que l'on sait ?

C'est la montagne accouchant d'une souris ; c'est beaucoup de bruit pour rien ; c'est la mouche du coche ; c'est le radicalisme livré ; c'est la révision abandonnée pour avoir une place autour du plat au beurre, de ce fameux plat au beurre que l'on blaguait tant jadis.

Quant à la République de M. Carnot, de ce pauvre homme que l'on comparait à un bâton de jus de réglisse, à une tête de bois, que l'on accusait d'être le protecteur du *triumcrapulat*, il paraît qu'on ne la trouve pas si mauvaise ni tant à dédaigner puisqu'on est allé trois fois inviter son président de venir à Rennes, qu'on lui élevait des arcs de triomphe comme les bonapartistes n'en élevèrent même pas à Badinguet, lors de son voyage en Bretagne !

Oui, peuple, là où le *Petit Rennais* a raison c'est lorsqu'il dit qu'il faut en finir avec les intrigues et les comédies parlementaires.

Ah ! certes, si les députés dépensaient autant d'intelligence et de savoir faire à doter la France et la République de réformes qu'ils en gaspillent en sauvetages de toutes natures ; s'ils mettaient au service de la patrie la science qu'ils mettent au service des sociétés françaises ; s'ils consacraient au pays l'activité et l'énergie dont ils font preuve pour se blanchir et pour blanchir les leurs devant les naïfs, nous ne tarderions pas à voir fonctionner le programme de Belleville dans ce qu'il présente de pratique.

Mais il faut en faire notre deuil ; tant que nous serons à la merci de l'or et de la corruption des pouvoirs publics mobilisés ; tant que nos représentants et ceux qui aspirent (1) à le devenir auront des intérêts opposés à ceux du peuple ; tant qu'ils dépenseront des sommes énormes pour conserver un état de choses qui les favorise ; tant que nous ne comprendrons pas que ceux qui jettent des milliers de francs par la fenêtre pour rester nos maîtres ne sont pas consciencieux et ne font les généreux que par intérêt, par égoïsme et par vanité ; tant que nous ne comprendrons pas tout cela, nous subirons les impôts iniques, les charges onéreuses et ce qui s'en suit.

Voilà la vérité, rien que la vérité, toute la vérité.

(1) Fondation d'un journal intitulé *le Socialiste*. Ce journal a, dit-on, été fondé par MM. le Préfet et Le Hérissé. Il est rédigé par M. Py, l'ancien rédacteur du *Petit Rennais*. Sans commentaires.

Nous sommes heureux d'offrir à nos lecteurs le texte des discours qui devaient être prononcés lors du voyage de M. Carnot à Rennes.

Nous devons la copie de ces discours à un de nos amis du ministère à qui ils ont été communiqués avant d'être soumis à l'approbation du Président.

Mystère et discrétion !...

APRÈS LE BANQUET

DISCOURS DE M. LE PRÉFET

Monsieur le Président,
Messieurs,

C'est vraiment un très grand honneur pour moi de saluer M. le Président de la République, et nul ne sent plus que moi tout le prix de la visite à Rennes de l'illustre représentant de la grande race des Carnot, de ces Carnot qui préparèrent la victoire et auxquels la Providence a confié le soin de faire rayonner sur l'Europe les bienfaits de la paix. (*Applaudissements.*)

Ah ! messieurs, quelle joie pour nous tous de n'avoir jamais trempé dans cette abominable conspiration qui mit la République à deux mètres cinquante de la tombe ! (*Pris d'émotion, M. Vieille verse des larmes dans le gilet de M. Le Hérissé, tandis que M. Lajat, qui a Pinault derrière, rue dans les jambes de M. Sacher, son entraîneur aux courses départementales.*) Vous vous souvenez, n'est-ce pas, messieurs les conseillers, de nos angoisses et de nos terreurs ? (*M. Berthelier tombe à genoux sur les talons de M. Simon qui l'aide à se relever.*) Oui, messieurs, oui, c'est avec orgueil que je salue le premier magistrat du pays, l'homme intègre, l'honnête homme (*très bien, très bien*) dont M. le maire de Rennes faisait les éloges avec une si poignante émotion, l'illustre citoyen que les néo-césariens et les coureurs d'aventures traitaient ici même de si indigne façon. (*Applaudissements.*) Où sont-ils donc ces transfuges ? où sont-ils ces mauvais citoyens qui ne craignaient pas de jeter la déconsidération sur le gouvernement tout entier, confondant en une même réprobation et l'honnête homme que nous avons devant nous et les... autres ? (*M. Carnot éternue et voudrait bien être ailleurs. « Quel gaffeur que ce préfet tout de même, » dit M. Châtel à son ami M. Claudon, deux opportunistes opportunisant sans cesse. — Frénétiques applaudissements.*) Quelle consolation pour nous, messieurs, après une époque si agitée, si pleine de périls et si mauvaise pour les intérêts sacrés de la grande cause de l'ordre, de la liberté, de la famille, de la propriété et de la sécurité nationale, quelle consolation, messieurs, que d'assister enfin à l'épanouissement de tous les bienfaits et de tous les avantages de la tranquillité publique ! Catilina n'est plus à nos portes et si Verrès est encore debout, au moins pouvons-nous assurer que l'Opportunisme comme je l'entends, moi, est le régime qui divise le moins, puisqu'il garde tout et ne laisse rien au quotient.

Monsieur le Président,

Je ne voudrais pas terminer mon discours sans appeler votre attention sur les hommes éminents qui m'environnent et se sont faits les zélés serviteurs de la cause que je défends en Ille-et-Vilaine. (*Bravos*) Tous les services ayant droit à une récompense, je vous prie d'ouvrir votre boîte à surprises et de fleurir les boutonnières des zélés serviteurs de la patrie qui sont devant vous. Il faut que la République honore ceux qui cultivent, sans intérêt personnel, la bonne foi, la franchise, l'amitié, ces premiers biens de l'homme, et qui ne se laissent détourner de leur devoir par aucun sentiment d'amour-propre.

Buvons, messieurs, à la santé de M. Carnot, à nos succès, buvons à la conciliation, à l'amélioration de la race chevaline, à la prospérité des carottes politiques et des navets sociaux. (*Tout le monde se lève et boit.*)

Vive la République caméléonienne ! (*Murmures de désapprobation à l'extrémité du bout du bi du banc.*)

DISCOURS DE M. LE MAIRE

Monsieur le Président,

Après les éloquentes paroles de M. le Préfet, je n'ai rien à dire ou à peu près. Je me contenterai de lever mon verre à la santé de M. le Président et de le remercier, au nom de mes concitoyens et au mien, d'avoir bien voulu accepter notre invitation (*Bravos répétés.*)

Messieurs, à M. le Président, à la République, à la France !

DISCOURS DE M. LE DÉPUTÉ

Monsieur le Président,

La population de Rennes, dont je suis le représentant auprès des pouvoirs publics, m'a chargé de vous dire à quel point elle est heureuse de vous recevoir.

(*M. Carnot esquisse une grimace et n'a pas l'air flatté d'être encensé par celui qui le traitait de bâton de réglisse dans la « Cocarde ».*)

Cela peut vous paraître bizarre, étrange, burlesque, étonnant, renversant, charentonesque que ce soit moi à qui incombe l'agréable tâche de vous faire les honneurs de la ville de Rennes ; mais ce n'est pas de ma faute. Je ne suis pas moins étonné que vous, Monsieur le Président ; mais c'est ainsi.

Les temps sont changés, et si, élu sur un programme demandant la suppression de la Présidence de la République, je viens aujourd'hui prier le Président de rester le plus longtemps possible sur le trône électif, cela tient à des circonstances que je ne crois pas devoir rappeler. Les événements ayant voulu qu'il en fût ainsi, je m'incline devant eux, Monsieur le Président, car je ne suis pas de ceux qui s'insurgent ou se démettent, je suis de ceux qui se soumettent et s'acclimatent.

Et pour vous prouver que je ne suis pas un ingrat, je crie, avec mes amis Châtel et Claudon, Lajat et Boutfol : Vive la centralisation ! Vive Carnot ! Vive le préfet !

DISCOURS DE M. CHATEL

Monsieur le Président,

Tout à l'heure, lorsque mon ami M. le Préfet vous signalait très discrètement et avec la finesse qui le caractérise, les quelques services que je crois avoir rendus à la cause de la conciliation en Ille-et-Vilaine, je me rappelais avec orgueil, avec volupté même, la mémorable soirée où, devant plus de quatre mille citoyens rennais, je discutai la mauvaise administration de l'ancien maire de Rennes.

Tous ces messieurs, ses anciens conseillers et ses amis, doivent aussi se souvenir que je m'étais procuré, par l'entremise de mon éloquent camarade Leroux, tous les registres et toutes les pièces comptables de cette administration et que c'était en connaissance de cause que je frappai la forteresse municipale à son endroit sensible. Mais il y avait alors dans la capitale bretonne un tel engouement pour les idées dont mon ami Le Hérissé se faisait l'infatigable propagateur, que je perdis mon procès devant tout le monde.

M. Pujet (1), ici présent, pourrait vous dire, Monsieur le Président, quelle conduite de Grenoble me firent les électeurs rennais et je vois encore s'allonger le nez de M. le Préfet lorsque je lui racontai la chose.

---

(1) Nommé Chevalier de la Légion d'Honneur en même temps que M. Morcel — services exceptionnels, plusieurs sauvetages en mair...ie — Qui eût dit, en 1889, que le Président de la délégation municipale et le successeur de M. Le Bastard, seraient promus le même jour chevaliers de la Légion-d'Honneur !...

Mais, fort heureusement, Monsieur le Président, que le vent a tourné depuis et qu'il nous pousse vers des rives plus calmes, vers un pays et sur un terrain où tous les hommes sensés et partisans du piétinement sur place, où tous les amis du progrès à rebours peuvent et doivent s'entendre.

Que signifient, en effet, ces réformes dites sociales dont tant de plumes et tant de bouches se font les complaisants échos et les infatigables initiateurs ? Est-ce que nous ne vivons pas à une époque de surprenante prospérité ? Est-ce que les fortunes ne sortent pas de terre quand nous frappons le sol de notre pied léger ? Jetez donc les yeux sur nos assemblées !... Ah ! messieurs, quelles belles choses il nous serait donné de faire si nous comprenions mieux nos intérêts ! Pourquoi ne nous con'entons-nous pas de ce qui est. Il nous serait si facile de rester toujours unis comme nous le sommes aujourd'hui. Ne voyons-nous pas ici des hommes qui se sont combattus pour des mots et ne sommes-nous pas tous opportunistes ? Quelle différence y a-t-il entre mon ami Le Hérissé et moi ? Qu'est-ce qui sépare mon ami Pinault de notre doyen M. Morcel ? En quoi M. Vieille se distingue-t-il de M. le Préfet ? Qui donc nous expliquera la différence qui existe entre un opportuniste et un radical-boulangiste-m'enfoutiste ? Est-ce que M. Le Hérissé n'est pas notre meilleur auxiliaire après avoir essayé de livrer la gueuse aux princes d'Orléans ? Et moi-même, pensez-vous que je sois éloigné d'accepter la monarchie ? La monarchie, messieurs, n'est, comme le disait mon ami M. Pinault à Montfort, que la transition naturelle entre l'opportunisme et le parlementarisme. Nous discutons sur des pointes d'aiguille, mais nous sommes ici d'accord sur ce point. Et la preuve, c'est qu'aux élections dernières, l'organe de notre excellent collaborateur Le Hérissé soutenait les mêmes candidats que l'organe de notre vieil ami l'*Avenir*. Croyez-vous donc que les intérêts de MM. Récipon et Pinault, par exemple et les intérêts de MM. Caron, de Lorgeril et La Chambre ne sont pas identiques ? Mais si. Ces messieurs se disent monarchistes pour la forme pour la même raison que d'autres se prétendent républicains. Question de vanité, de domination et d'orgueil ; mais au fond ces gens-là sont faits pour s'entendre comme nos amis Vieille, Le Hérissé, Morcel sont faits pour écouter les conseils désintéressés du préfet et de ses amis. Vous criez contre M. Pinault parce que vous ne le connaissez qu'à travers certaines querelles, mais si vous aviez été en situation d'apprécier ses qualités comme nous, vous auriez pour lui une affection sans bornes. Le tout est de s'entendre. Ainsi, nous, opportunistes dissidents, nous éprouvions une véritable répulsion pour l'opportuniste honteux Le Hérissé avant de le connaitre ; mais depuis qu'il nous a été donné d'apprécier son cœur d'or, nous l'aimons comme nous-mêmes. Oublions donc, messieurs, nos luttes d'autrefois et scellons ici, en présence d'un homme que vous avez calomnié, en présence de M. Carnot, l'union qui doit faire de nous des amis indivisibles et inébranlables.

Je bois à l'opportunisme bien compris, à l'alliance de la carpe et du lapin, à la gloire de notre empire et à la fin de nos divisions et de nos querelles.

Vive Constans ! Vive Carnot ! Vive le Préfet !...

(*Tonnerre d'applaudissements.*)

DISCOURS DE M. CARNOT

Messieurs,

Je suis très sensible à la manifestation toute spontanée dont je suis l'objet de la part de la population rennaise.

Laissez-moi vous dire à quel point je suis heureux de voir unis et réconciliés dans la République des citoyens qui étaient si bien faits pour s'entendre.

Je ne me dissimule pas, messieurs, quel grand talent, quelle vaste intelligence, disons le mot, — quitte à gêner la modestie très connue de votre éminent préfet, — quel génie il a fallu pour lier des tronçons qui semblaient si incompatibles et pour faire un tout compact d'un assemblage de morceaux si disparates et si hétérogènes.

Qui m'eût dit, en effet, messieurs, que je verrais à la même table et la main dans la main et mon ancien collègue Eugène Pinault et l'ancien ami de ce malheureux général Boulanger ? Qui eût supposé que je trouverais à côté de ce cher M. Pujet, président si houspillé de la Délégation spéciale, ce vénérable M. Morcel à qui nous devons, messieurs, la paix dans le département...

Je ne vous en cacherai pas mon attendrissement, et je vous prie de continuer à suivre cette bonne voie.

Je lève mon verre, messieurs, à la prospérité de la ville de Rennes, à votre réconciliation et à la grandeur de notre chère patrie.

Vive la République !

Après ces discours fréquemment applaudis, on prétend qu'afin d'égayer les invités, M. le Préfet, d'accord avec ses amis du Conseil, devait faire un lâcher de canards sur la mare de la place du Palais.

Mais le voyage ayant été contremandé, nous n'avons pu assister de loin à ce spectacle aussi curieux qu'inédit.

APRÈS LA FÊTE

AU CONSEIL MUNICIPAL

. Tous les conseillers sont présents.

M. le Maire et ses adjoints sont radieux. Un des secrétaires lit quelques lettres du Préfet, dans lesquelles il autorise la municipalité à créer de nouveaux centimes additionnels et à doter les contribuables de quelques nouveaux impôts.

M. LE MAIRE. — Messieurs, pour boucher les trous que nous avons dû nécessairement ouvrir pour faire passer le cortège présidentiel, j'ai, d'accord avec le premier magistrat du département, décidé de chercher de nouvelles ressources, car notre budget est à sec. Si nous établissions un impôt sur les savons, sur la chandelle, sur le sel, sur ces menus objets...

UN CONSEILLER. — ?

M. LE MAIRE. — (furieux). Laissez-moi continuer ou je donne ma démission. Messieurs, il est nécessaire que nous songions le plus tôt possible à boucher les trous...

LE MÊME CONSEILLER. — Mes chers collègues, je ne ne partage pas l'avis de M. le Maire. Je trouve que les ouvriers, les commerçants et en général les travailleurs sont déjà passablement écrasés d'impôts et que leur en demander davantage c'est les jeter au pavé. Il faut chercher parmi les objets de luxe...

Un autre Conseiller. — A ce compte-là nous ne pourrons même plus laver notre linge en famille. On est saoul d'impôts, Monsieur le Maire.

M. le Maire. — Possible ; mais, moi, il faut que je paye mon monde et les dépenses de ma ville.

Un troisième Conseiller. — Messieurs, les quartiers *populeux* manquent d'eau....

M. le Maire (sérieux). — Mais tout le monde, puisqu'il ne pleut pas ?

Le même Conseiller. — Les quartiers populeux manquent d'eau, il est plus que temps de les faire profiter des travaux et des dépenses de la canalisation.

M. le Maire. — Il n'y a pas d'argent.

Un autre Conseiller. — Les petits employés des services municipaux demandent une augmentation de traitement ; on augmente toujours les gros et on maintient le *statu quo* pour les petits.

M. l'adjoint Simon (hargneux). — N'y a pas de galette.

Un Conseiller. — Les contribuables de ma rue se plaignent de n'être pas éclairés.

Un loustic. — Mais tu n'as qu'à leur servir de lanterne...

Le même Conseiller. — Et ils prient le Conseil de leur voter deux lampions.

M. Martin. — Mais, puisqu'on vous dit qu'il n'y a plus un rond dans la caisse. En voilà des mulets !...

M. le Maire. — Je suis bien fâché, mais nous avons les bras liés.

Un Conseiller. — Monsieur le Maire, le *buen retiro* de mon quartier ne fonctionne plus. C'est une petite dépense à faire.

M. Texier, adjoint. — Impossible. (*Riant*) Tout l'argent s'est envolé. Les arcs de triomphe l'ont boulotté.

M. le Maire. — J'ai même, Messieurs, une pénible nouvelle à vous annoncer.

Un Spectateur. — Voilà le coup du dessert, le coup de la poire . . . .d'angoisse.

M. le Maire. — Toutes nos ressources sont épuisées, nos crédits dépassés et je ne crois pas pouvoir commencer les travaux du Palais du Commerce, ni m'occuper des groupes scolaires pour lesquels nous avons obtenu l'emprunt. Sur l'emprunt, nous devrons prélever des sommes importantes pour faire honneur à des dettes antérieures.

Un Ouvrier. — Ceci, c'est le coup du lapin.

M. le Maire. — Vous n'ignorez pas, messieurs, que pour payer les sommes antérieurement dues, pour payer la fête présidentielle, les réjouissances, les pétards, les fusées, le restaurateur et le reste, il a été nécessaire de prendre sur l'emprunt.

Un Conseiller. — Alors, nous avons tout mangé et tout réduit en fumée !

M. le Maire. — Parfaitement.

Un Spectateur. — Ah ! mince de pièces de cent sous. En voilà des mange-tout.

M. le Maire. — Je vous prie, Messieurs, de nommer ce soir une commission de six membres chargée d'élaborer un projet de nouveaux impôts. C'est urgent.

Tous les conseillers se regardent, et personne ne veut en faire partie.

M. le Maire. — Allons, Messieurs, donnez-moi des noms.

— ? ? ?

M. le Maire. — Je propose M. Martin.

M. Martin. — Je ne suis jamais là.

M. le Maire. — M. Tual...

M. Tual. — Je suis tout le temps là-bas, chez les morts.

M. Martin.— Mais, accepte donc, farceur.. Il accepte, Monsieur le Maire. Tu es un bon zigue, toi !

M. le Maire. — M. Malœuvre, M. Fourel.

M. Maleuvre. — Monsieur le Maire si. . . .

M. Martin. — As-tu fini ? Tu es très fort en matière de perception et de finances, c'est ton affaire. Dis donc, Clément, inscris donc Maleuvre, Tual, Fourel. . . .

M. le Maire. — M. Vieille, M. Lajat.

M. Vieille. — Ah ! non alors, c'est l'affaire de Sacher, moi je ne suis pas organisateur. . . .

M. Lajat. — Et moi je ne veux pas de Sacher, qui m'a laissé rouler aux élections.

M. Sacher — Dites donc, Monsieur Vieille, vous savez, nous n'avons pas conduit ensemble le landau du Général, quant à vous, Monsieur Lajat, faut pas faire le fier, vous n'en meniez pas si large quand vous veniez pleurer chez moi, me priant de vous laisser porter sur mon affiche.

Un Titi. — En voilà une sacrée comédie.

M. le Maire. — Allons, messieurs, ne nous chicanons pas.

Cris dans la salle. Tumulte.

M. le Maire. — Huissiers, faites évacuer la salle. Moi je vais me coucher.

Bonsoir, messieurs. A la prochaine les choses sérieuses et pensez aux impôts en question.

La séance est levée ; au moment où le rideau tombe, les conseillers très surexcités discutent tous ensemble sans se laisser le tour.

C'est comme chez Pétaud.

MORALITÉ

Zim !... Boum !... Clic !... Crac !...

Ça ne vaut-il pas mieux que les choses se passent ainsi ? Il n'y a
encore de vrai que les fêtes ! Ça rapporte à tout le monde. Et puis
ne sommes-nous pas sur la terre pour rigoler ? Vive la rigolade ! Il y
a encore des gens, des grincheux, des empêcheurs de se prosterner en
rond, des imbéciles qui aimeraient moins de pétards et plus de réformes ! Tas d'idiots.

A quoi ça sert-il les réformes ?

C'était bon autrefois ça, sous l'Empire et sous la Monarchie ! Mais
aujourd'hui ? Le peuple est heureux ; les commerçants font des
affaires ; les paysans gagnent gros comme eux ; les Députés person-
nifient l'honnêteté et sont l'honneur même ; ils ne varient pas ; ils
nous font des lois d'intérêt général ; les ministres, même en voyage,
sont remplis de bonnes intentions ; le Président se dérange pour venir

nous voir ! Tout va. Le bonheur coule à pleins bords ; la joie remplit tous les cœurs ; nous allons de fête en fête ; vive le plaisir !...

Et puis rien à craindre de la Préfecture ; rien à redouter de ce côté. Le Conseil peut créer de nouveaux impôts, augmenter les charges des millionnaires qui vivent de leur travail, le Préfet, qui est un frère, approuvera tout, tout. Ah ! c'est pas celui-là qui se permettrait maintenant de faire des observations à ses copains de la Mairie. Dépensez, dépensez, mes petits, tant qu'il vous plaira, vous n'avez rien refusé à l'ami Leroux, l'ami Leroux n'a rien à vous refuser. Et, je vous le demande, qu'est-ce que ça peut faire à M. Leroux que la ville de Rennes soit dans le pétrin et nous tous avec ? En voilà un qui se fiche de ça, par exemple !... Que nous tirions la langue longue comme ça, il n'en sera ni plus ni moins préfet, et peut-être mieux que préfet, car après ses succes basés sur l'abdication des consciences, il va teinr au Gouvernement ce langage :

« Vous m'avez envoyé en Ille-et-Vilaine jouer le rôle de dompteur : me voilà ! J'ai dompté M. Le Hérissé ; ses amis ne demandent qu'à s'atteler à mon fiacre ; c'est moi qui gouverne. J'administre la ville de Rennes sous le pseudonyme X. et Cie ; le roi, jadis, choisissait les pairs, moi je choisis les candidats au Conseil Municipal, au Conseil Général, à la Chambre, au Sénat : tout le monde s'efface devant moi. J'ai des complices et des complaisants un peu partout, Je mets en pratique l'adage de mon vieux maitre Constans : du toupet, encore du toupet, toujours du toupet ! A moi la jouissance, à moi les lauriers, à moi la puissance !... Je n'ai rencontré sur ma route qu'abdication et soumission. Vive, Messieurs, le despotisme !... »

Que pourra refuser à ce préfet le Gouvernement qui l'a envoyé en Ille-et-Vilaine avec ces paroles : Allez servir aveuglément qui vous emploie et qui vous paye. Allez étouffer tout rêve de liberté. Allez contrarier toute velléité d'indépendance, tout instinct de fierté, toute sympathie pour les hommes de progrès. Veillez bien aux élections, surtout ; tourmentez les consciences, ébranlez l'opinion du pays confié à vos soins, à vos intrigues et à vos poursuites. Ecartez tout candidat follement imbu d'une idée de liberté, et audacieusement porté par la portion saine, généreuse et active de la population ; accusez-le, calomniez-le, s'il le faut, perdez-le dans l'opinion ; effrayez les électeurs, séduisez ceux-ci par des promesses que vous tiendrez si vous pouvez, consternez ceux-là par des menaces. Enfin corrompez, c'est-à-dire régnez et gouvernez au nom du Pouvoir Central ; faites briller des avantages matériels aux yeux de quiconque voudra abdiquer les avantages intellectuels. Nous vous aiderons ; nous promettrons,- nous aussi, des routes, des édifices, des privilèges, des ponts, des croix, pourvu qu'on fasse serment entre vos mains de ne demander ni liberté de conscience, ni progrès d'esprit et de cœur, ni dignité, ni aucun moyen de rendre les hommes moins méchants, moins petits que nous ne les voulons faire ? »

Oui, que peut refuser le gouvernement à un préfet qui a rendu un département obéissant comme un petit caniche, et qui a fait régner l'ordre à coups de revolver et à coups d'arbitraire, refusant un jour telle chose, l'accordant un autre jour et faisant jouer au gouvernement de la République en Ille-et-Vilaine le rôle du gouverneur de la Sibérie vis-à-vis de ses condamnés politiques ?

Le gouvernement ne peut rien lui refuser, en effet, puisque les battus sont contents et que tous les républicains trouvent le régime de la férule et du knout le seul, depuis l'avènement du proconsul Leroux, compatible avec le tempérament fin de siècle.

Constans peut maintenant venir, puisque ses agents ont habitué les populations à supporter toutes les injustices et tous les actes arbitraires.

Son règne sera tranquille et brillant. Il n'aura même pas besoin de changer les draps, c'est-à-dire son personnel.

Il n'aura qu'à exiler quelques honnêtes représentants du peuple, à jeter en prison quelques récalcitrants et à conserver précieusement la pourriture parlementaire.

Et toi, peuple, qui te plains de n'avoir pas de réformes : et toi, commerçant, à qui on jette des épluchures en guise de lois protectrices, et vous, petits employés, qui vous crevez à la besogne pour que la table des gros fonctionnaires soit bien pourvue, bénissez tous les endormeurs qui nous donnent du son et de la fumée en guise de compensations démocratiques et sociales.

Quand donc, verras-tu clair dans cette odieuse comédie, et cesse-ras-tu de leur offrir des « feux » extraordinaires ? En attendant, comme j'ai payé ma place, je siffle les mauvais acteurs.

E finita la comedia

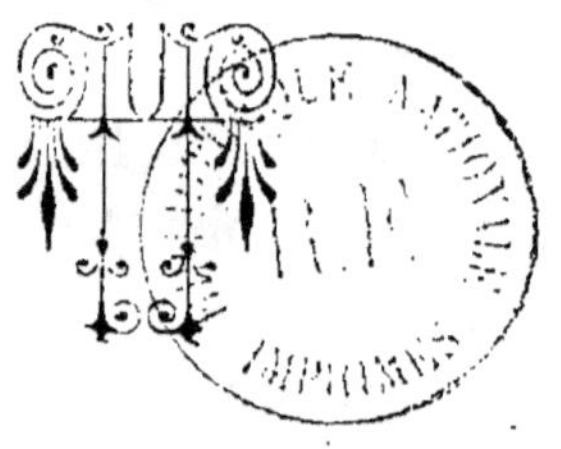